I0568166

Dorme bem, lobinho

Śpij dobrze, mały wilku

Um livro ilustrado em duas línguas

Ulrich Renz · Barbara Brinkmann

Dorme bem, lobinho

Śpij dobrze, mały wilku

Tradução:

Maria Rosa Kretschel (português)

Jolanta Zak (polonês)

Audiolivro e vídeo:

www.sefa-bilingual.com/bonus

Palavra-passe para acesso gratuito:

português: **LWPT2529**

polonês: **LWPL2521**

Boa noite, Tim! Amanhã continuamos a procurar.
Dorme bem agora!

Dobranoc, Tim! Jutro wznowimy poszukiwania.
Teraz, śpij dobrze!

Lá fora já está escuro.

Na zewnątrz jest już ciemno.

O que é que o Tim está a fazer?

Co Tim robi?

Ele sai para o parque infantil.

O que é que ele procura lá?

Wychodzi na plac zabaw.

Czego on tam szuka?

O lobinho!

Sem ele, o Tim não consegue dormir.

Małego wilka!

Nie może bez niego spać.

Quem é que está a chegar?

Któż to nadchodzi?

A Marie! Ela está à procura da sua bola.

Marie! Szuka swojej piłki.

E o que é que o Tobi procura?

A czego szuka Tobi?

A sua escavadeira.

Jego koparki.

E a Nala, o que é que ela procura?

A czego szuka Nala?

A sua boneca.

Swojej lalki.

Estas crianças não deviam ir já para a cama?

O gato está muito admirado.

Czy dzieci nie muszą już iść spać?

– zastanawia się kot.

E quem é que está a chegar agora?

Kto nadchodzi teraz?

A mamã e o papá do Tim!
Sem o seu Tim, eles não conseguem dormir.

Mama i tata Tima!
Nie mogą spać bez Tima.

E aparecem ainda mais pessoas! O papá da Marie. O avô
do Tobi. E a mamã da Nala.

Nadchodzi ich coraz więcej. Tata Marie.
Dziadek Tobiego. I mama Nali.

Agora depressinha para a cama!

Teraz, szybko do łóżka!

Boa noite, Tim!

Amanhã já não precisamos de procurar.

Dobranoc, Tim!

Jutro nie będziemy musieli już więcej szukać.

Dorme bem, lobinho!

Śpij dobrze, mały wilku!

Os autores

Ulrich Renz nasceu em 1960 em Stuttgart, Alemanha. Estudou
Literatura Francesa em Paris e Medicina em Lübeck, e
posteriormente trabalhou como diretor numa editora científica.
Actualmente Renz é autor freelancer e escreve livros para crianças,
jovens, e não-ficção.

www.ulrichrenz.de

Barbara Brinkmann nasceu em Munique (Alemanha) em 1969.
Estudou arquitectura em Munique e trabalha actualmente no
Departamento de Arquitectura da Universidade Técnica de
Munique. Também trabalha como designer gráfica, ilustradora e
autora.

www.bcbrinkmann.de

Gostas de desenhar?

Aqui encontrarás todas as imagens da história para colorir:

www.sefa-bilingual.com/coloring

Diverte-te!

Os Cisnes Selvagens

Adaptado de um conto de fadas de Hans Christian Andersen

► Para crianças a partir de 4-5 anos

"Os Cisnes Selvagens" de Hans Christian Andersen é, com razão, um dos contos de fadas mais populares em todo o mundo. Com a sua forma intemporal, foca a temática de que são feitos os dramas humanos: medo, coragem, amor, traição, separação e reencontro.

Disponível na tua língua?

► Pergunta ao nosso ¨Assistente de Línguas¨:

www.sefa-bilingual.com/languages

O Meu Sonho Mais Bonito

▶ Para crianças a partir de 2 anos

Lulu não consegue adormecer. Todos os seus peluches já estão a sonhar – o tubarão, o elefante, a ratinha, o dragão, o canguru e o leãozinho. Até os olhos do urso estão quase a fechar...

Ei ursinho, levas-me contigo para o teu sonho?

Assim começa a viagem de Lulu através dos sonhos dos seus peluches – até chegar ao seu sonho mais bonito.

Disponível na tua língua?

▶ Pergunta ao nosso "Assistente de Línguas":

www.sefa-bilingual.com/languages

© 2024 by Sefa Verlag Kirsten Bödeker, Lübeck, Germany

www.sefa-verlag.de

Special thanks for his IT support to our son, Paul Bödeker, Freiburg, Germany

ISBN: 9783739901152